全国亿万学生阳光体育运动课外活动指导书

青少年冰雪运动推广丛书　　　总主编　朱志强

高山滑雪

哈尔滨体育学院　组编

本册主编　朱志强　马喜强

GAOSHAN HUAXUE

高等教育出版社·北京

青少年冰雪运动推广丛书编委会

总 主 编：朱志强

编　　委：阚军常　陈文红　李滨东

审委会
（排名不分先后）

黄　峰　李妮娜　蒙　猛　潘立权　任洪国
苏　和　宋嘉林　汪宇峰　王本余　王石安
严　力　颜彤丹　张义威　赵宏博　赵英刚

本册参编者

主　　编：朱志强　马喜强
编　　委：谭　睿　陈曲骏骊　李智鹏　康建鑫　周若晨
视频制作：罗跃新　解沃特　吴晓涵
动作示范：张　强　范连军　康建鑫

前　言

冰雪运动是一项在冰上和雪上进行的贴近大自然,具有季节性和其独特魅力的运动。随着北京2022年冬季奥林匹克运动会申办成功,《体育发展"十三五"规划》《冰雪运动发展规划(2016—2025年)》等体育政策文件相继颁布,我国冰雪运动迎来了大发展时代。为了更好地贯彻落实习近平主席提出的"北京举办冬奥会将带动中国3亿多人参与冰雪运动"的号召,普及大众冰雪运动,推动冰雪运动发展,让青少年看得懂、学得会,我们编写了"青少年冰雪运动推广丛书"。丛书以冬季奥林匹克运动会15个大项为主要内容,挑选易在大众中普及推广的项目,如短道速滑、速度滑冰、花样滑冰、单板滑雪、高山滑雪、冰球、冰壶等项目进行介绍和基本练习指导。丛书立足零基础的儿童、青少年,通过简明的文字、生动的图片和二维码视频,呈现给读者冰雪运动项目的比赛规则、观赛礼仪、器材场地等基本知识,陆上、冰雪上的基本训练方法,以及组织练习和游戏的方法。

丛书由哈尔滨体育学院组织编写。哈尔滨体育学院在冰雪运动教学、科研、训练方面在国内高校首屈一指,先后为国家培养出了罗致焕、王金玉、刘凤荣、申雪、赵宏博、王曼丽、刘佳宇、张义威、王濛、刘秋宏、隋宝库等世界级运动竞技人才,为我国冰雪体育事业的发展做出了突出贡献。总主编朱志强教授,现任哈尔滨体育学院院长,国际大学生体育联合会冰球委员会副主席,国际班迪联合会

前言

副主席,中国大学生体育协会副主席、冰雪分会主席,中国冰球协会副主席,教育部教学评估专家。编委阚军常教授现任哈尔滨体育学院副院长,博士生导师。

本册深入浅出地介绍了高山滑雪运动项目,包括认识高山滑雪,场地、装备与器材,器材选择及安全教育,陆地训练,雪上训练,竞赛规则等内容。衷心期望广大青少年读者能够通过本书的学习了解高山滑雪运动项目的发展,学会欣赏高山滑雪运动项目,能跟着教材进行基本的技术动作练习。也祝愿广大高山滑雪爱好者喜爱阅读和欣赏本书。

编　者

2020年元月

目 录

第一章 认识高山滑雪 / 001
一、高山滑雪的定义…………………………………… 002
二、高山滑雪的起源及发展…………………………… 002

第二章 场地、装备与器材 / 005
一、高山滑雪场地……………………………………… 006
二、高山滑雪器材……………………………………… 010
三、高山滑雪装备……………………………………… 011

第三章 器材选择及安全教育 / 015
一、高山滑雪器材选择………………………………… 016
二、高山滑雪安全教育………………………………… 017

第四章 陆地训练 / 021
一、拉伸训练…………………………………………… 022
二、跳跃训练…………………………………………… 026

第五章　雪上训练 / 031

一、初级技术…………………………………………032
二、中级技术…………………………………………049
三、高级技术…………………………………………065

第六章　竞赛规则 / 073

一、滑降………………………………………………074
二、回转………………………………………………074
三、大回转……………………………………………075
四、超级大回转………………………………………075
五、高山全能…………………………………………076
六、高山滑雪混合团体赛……………………………076

第一章
认识高山滑雪

- 一、高山滑雪的定义
- 二、高山滑雪的起源及发展

一、高山滑雪的定义

高山滑雪是指双脚各踏一只滑雪板，双手各持一只滑雪杖，从山上向下沿规定线路滑行的滑雪运动。

截至2022年北京冬奥会高山滑雪的奥运竞赛项目包括：滑降、回转、大回转、超大回转、高山全能和高山滑雪混合团体赛。

二、高山滑雪的起源及发展

高山滑雪运动是一项历史悠久的运动项目。据史料记载在现欧洲的阿尔卑斯山地区最早发现距今4 000多年前的"滑雪"遗迹，证实其为高山滑雪运动的重要发源地之一，所以高山滑雪又称为"阿尔卑斯滑雪"，这也是其英文名称"Alpine skiing"的由来。

随着世界各地考古新发现，证实了"滑雪运动"是所有冰雪资源丰富地区古代先民共同的智慧结晶。不仅阿尔卑斯山区，在挪威、瑞典等北欧国家也发现了同时期的滑雪人物壁画。甚至在我国新疆的阿勒泰地区也发现了距今1万多年的滑雪人物壁画。

我国的滑雪历史更加悠久，唐代李延寿在《北史》中写道："气候严寒，雪深没马，地高积雪，惧陷坑阱，骑木而行"，意思是为了防止行走时脚陷入雪中，人们脚下踩着木板走路。《山海经》中也有我国东北和西北等地区的少数民族借助雪上滑行从事狩猎和生产劳动的记载。① 我国滑雪运动的起源甚至可以追溯到石器时代。2005年我国新疆的阿勒泰市一位姓欧的农民在汗德尕特蒙古族乡墩德

---

① 指《山海经·海内经》中关于"钉灵国"的记载。

布拉克发现了一幅岩画,后经滑雪专家鉴定,画面所表现的是一组脚踏滑雪板、手持单杆滑雪杖的狩猎人。经新疆博物馆、新疆社科院、西北大学长期从事考古、草原文化以及岩画研究的多位专家反复考证,推断那幅滑雪狩猎图,其年代可以上溯到距今1万~3万年的旧石器时代晚期。可见滑雪运动一直伴随着人类的发展。

高山滑雪运动的发展历程与人类的进化、社会的发展息息相关,滑雪从最初的冬季狩猎和出行方式逐渐发展为具有技术特色的体育运动。1868年挪威滑雪运动奠基人诺德海姆等人在奥斯陆滑雪大会上表演了侧滑和S形快速降下技术。1890年奥地利的茨达尔斯基发明了适合阿尔卑斯山地特点的短滑雪板及滑行技术,1905年他在维也纳南部的利林费尔德进行了高山滑雪史上第一次回转障碍降下表演。随着滑雪运动的进一步发展,逐渐形成了有组织形式的团体。1907年英国创立阿尔卑斯滑雪俱乐部,这是世界上第一个高山滑雪组织。1910年滑雪被引入军事领域,奥地利的比尔格里上校组织了具有军事性质的高山滑雪学校。他还创造深蹲姿势持双杖快速降下、制动转弯的滑法。随着滑雪技术的逐渐成熟,1921年英国的伦恩在瑞士组织了高山滑雪史上的首次回转和滑降比赛。1922年奥地利的施奈德创办高山滑雪学校。1931年起举办世界高山滑雪锦标赛。1936年起高山滑雪被列为冬奥会比赛项目。

我国的现代滑雪运动20世纪初从俄罗斯和日本传入我国东北。1949年新中国成立后,党和国家十分重视滑雪运动的发展。1957年在吉林省通化市江南滑雪场举行了第一届全国滑雪比赛。1959年举行了首届全国冬季运动会。1979年11月国际滑雪联合会(以下简称:国际雪联)决定接纳中国为临时会员,1981年5月16日中国成为正式会员,1980年2月我国第一次派队参加在美国普莱西德湖举办的第十三届冬奥会。1984年7月中国滑雪协会正式成立。

滑雪不同于其他场馆运动，它远离喧嚣的都市，投身于林海雪原。惊险刺激之余，领悟山野的纯净与壮观，净化人的身心，是一项户外体育运动。随着我国社会经济的不断发展，人们为自己的生活方式不断注入新的内涵。现在，越来越多的人开始关注和参与滑雪运动。近几年，滑雪旅游在我国有了很快的普及和发展，人们把滑雪当作冬季增强体魄、社交娱乐、回归大自然的一项休闲体育运动。

我国现有主要滑雪场包括：黑龙江的亚布利滑雪场、帽儿山滑雪场，吉林的北大湖滑雪场、松花湖滑雪场、长白山滑雪场，新疆的天山滑雪场，以及河北崇礼的万龙滑雪场、云顶滑雪场、多乐美地滑雪场、太舞滑雪场等。随着2022年北京冬奥会的临近，我国各主要滑雪场都已具备完善的滑雪设备、设施，准备迎接即将到来的滑雪运动发展浪潮。

第二章

场地、装备与器材

- 一、高山滑雪场地
- 二、高山滑雪器材
- 三、高山滑雪装备

一、高山滑雪场地

（一）滑雪场地

高山滑雪是一项集惊险与刺激于一身的运动项目，存在一定的危险因素。为了安全滑雪，要求滑雪者根据自身滑雪水平挑选滑雪场地（图2-1）。在此对不同难度的滑雪场地做简要说明。

图2-1　滑雪场地

《全国滑雪场管理规范（修订版）》对各种高山滑雪场地的难度分级与具体要求如下：

1. 难度分级

高山滑雪场地的难度级别分为：入门级滑雪场地、初级滑雪场地、中级滑雪场地、高级滑雪场地等。

2. 具体要求

（1）入门级滑雪场地须具备以下条件：练习的地形开阔，平地和小于5°的坡面相邻，入门级滑雪者要在这里热身、感悟雪性、适应器材和接受安全教育。

（2）初级滑雪场地（图2-2）多数地段须具备以下条件：坡面与滚落线一致，雪道长度一般不超过200米，宽度大于30米，坡度小于10°，雪道变向处的角度大于135°。

图2-2 初级场地

（3）中级滑雪场地多数地段须具备以下条件：坡面与滚落线基本一致；雪道变向处的角度大于150°，宽度大于35米，坡度为9°~20°。

（4）高级滑雪场地（图2-3）多数地段须具备以下条件：宽度大于40米，坡度为16°~30°，坡面与滚落线基本一致，雪道变向处的角度大于160°。

（5）高山滑雪场地中的过渡雪道、引道、连接道等坡度要小于10°，最窄不少于5米。

图2-3 高级场地

(6)"盘山"式的初级滑雪道多数地段的宽度须大于8米。

(7)大众高山滑雪道的坡度原则上应限制在30°之内。

(8)铺设"旱滑雪道"只限在初、中级滑雪道和娱乐性场地。

(9)提供夜场滑雪服务的夜间滑雪场地,灯光的水平照度应不低于100勒克斯(图2-4)。

图2-4 夜间滑雪场地

(二) 滑雪场的运载工具

滑雪场地的常用运载设施有以下几种:魔毯(图 2-5)、单人吊椅(图 2-6)、四人吊椅(图 2-7)、吊箱(图 2-8)。

图 2-5 魔毯

一般用于低缓坡度区域的运载

图 2-6 单人吊椅

一般用于高坡度区域的运载

图 2-7 四人吊椅

一般用于高坡度区域的运载

图 2-8 吊箱

乘坐吊箱时要脱下雪板并放在吊箱外的雪板架上。用于高坡度区域的运载

二、高山滑雪器材

常见的滑雪器材主要有:滑雪板及固定器(图2-9)、滑雪鞋(图2-10)、滑雪杖等(图2-11)。

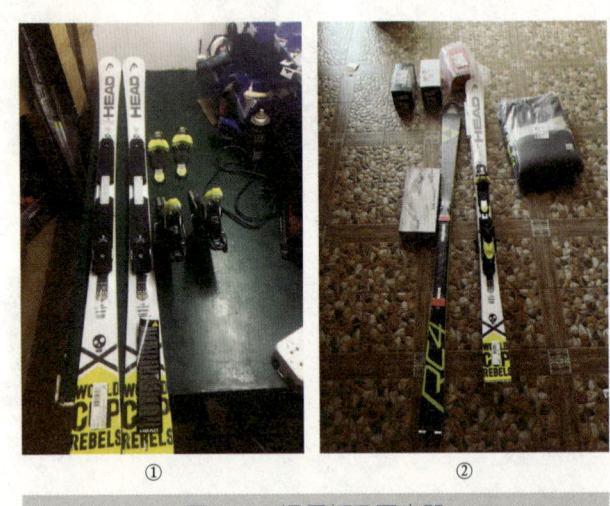

图2-9　滑雪板及固定器

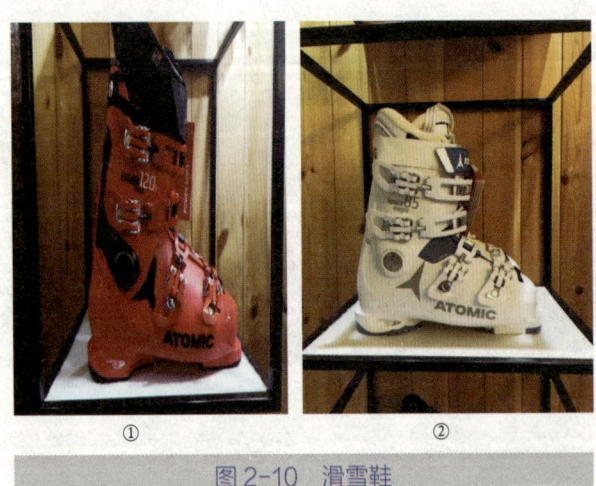

图2-10　滑雪鞋

图 2-11 滑雪杖

三、高山滑雪装备

高山滑雪装备分为两类,即滑雪着装及滑雪护具。滑雪着装包括:滑雪服、滑雪裤、滑雪手套等(图 2-12 和图 2-13)。滑雪护具包括:滑雪头盔、滑雪护目镜、护膝、护臀等(图 2-14 和图 2-15)。

图 2-12 滑雪服、滑雪裤

图 2-13　滑雪手套

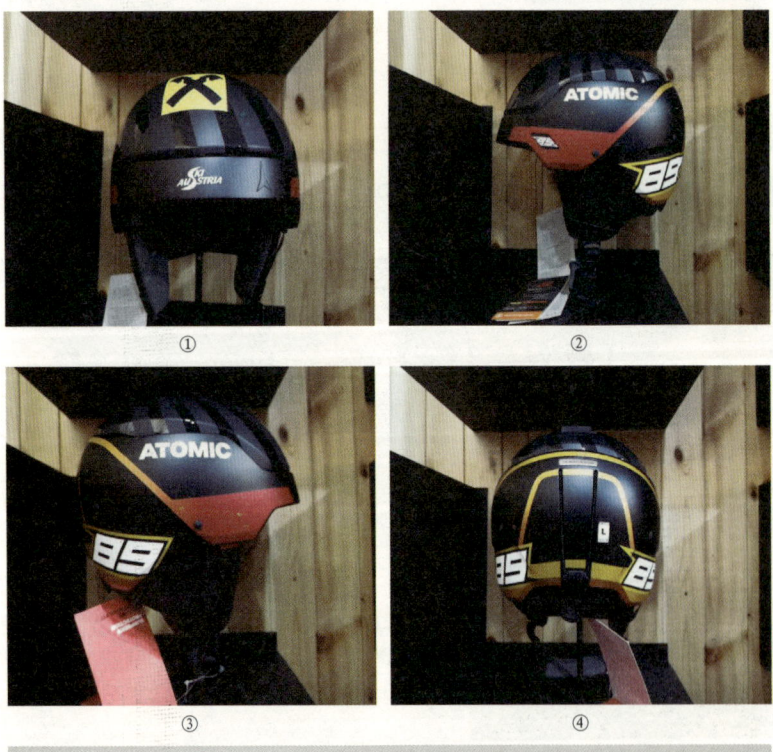

图 2-14　滑雪头盔

三、高山滑雪装备　013

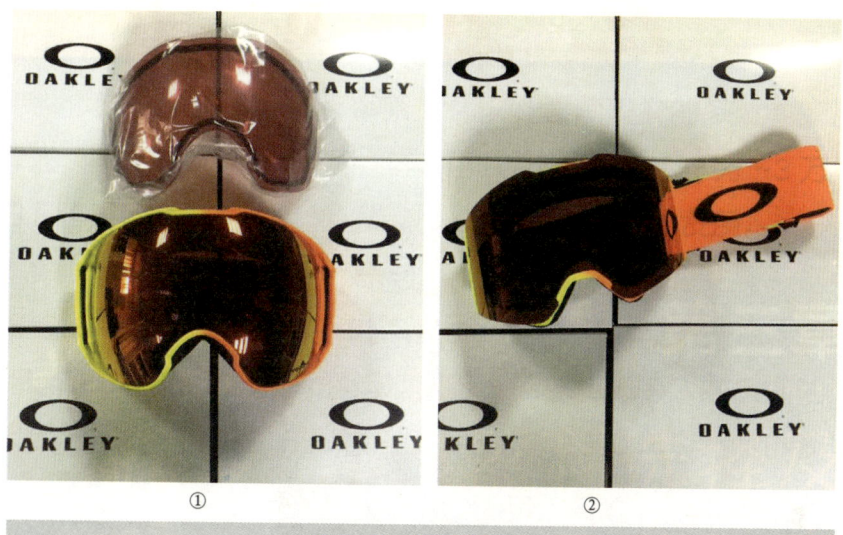

图 2-15　滑雪护目镜

一、高山滑雪器材选择

通常,雪场的门票中会包含滑雪板、滑雪鞋、滑雪服和滑雪杖这些最基本的滑雪装备的费用。如果不经常滑雪,这些装备不需要购买,租用就可以了。不过,滑雪场提供的装备毕竟只满足基本的防护,若要愉快地玩耍,你还需要自行准备一些其他的装备,不仅实用美观,更重要的是可以提高滑雪的安全性。下面介绍一些滑雪必需装备的选择方法。

滑雪板:择短不择长,一般的滑雪板比自己的身高短10~15厘米即可。初学者可以再短一些,短一些的滑雪板速度较慢,也更容易控制。因身高个体差异,初学者的雪板长度不宜超过170厘米。

滑雪杖:拿着滑雪杖站立,小臂垂直于身体,手臂呈"L"状为最佳(图3-1)。

图3-1 滑雪器材

滑雪鞋:一定要紧凑,不要让脚在鞋子里面有活动空间。最好选择靴筒较低的短靴,这有利于初学者更快适应滑雪鞋。

头盔:选择专业的滑雪头盔,戴上之后不能感到太紧或者太松。

过于宽松的头盔低头时会遮挡视线、造成安全隐患。

雪镜：雪镜具有防风、抗强光、防紫外线等功效。不同的滑雪环境下需要佩戴不同的雪镜。强光天气时佩戴暗镜，天气阴暗时佩戴增光镜，在室内滑雪时可以选择透明雪镜。

面罩：冬季天气一般干燥多风，面罩可以有效保护脸部皮肤。当滑行时可有效阻止寒风直吹面部，起到保护作用。

衣服：内衣要穿排汗面料的，不然出汗之后会非常难受。内衣外面需要一件抓绒保暖的衣服，最外层的滑雪服要求透气和防水。

手套、袜子：手套要求防水、透气、防滑，袜子要求保暖、排汗，长的羊毛袜最佳。

二、高山滑雪安全教育

许多人喜爱滑雪，滑雪时那种从高处急速滑落，风驰电掣般的感觉的确很刺激。但滑雪有一定的危险性，为了把滑雪的危险降至最低，国际滑雪联合会制定了关于规范双板滑雪者及单板滑雪者行为的十条安全规则：

1. 尊重他人

无论双板还是单板滑雪者，都应该遵循以下行为规则：绝不做出将会损伤自己或致使他人受伤的行为。

2. 控制速度和采用适宜的滑雪方式

无论双板还是单板滑雪者，都应当让自己滑行处于可控范围之内。其滑行速度和方式应当和其个人滑雪水平相符，并且应根据地势、雪质、天气和滑雪场人口密度来选择以何种方式滑行。

3. 选择滑行路线

无论双板还是单板滑雪者，如果身处前方的滑雪者之后，务必要选择不危及前方滑雪者的线路滑行。

4. 超越或横越

无论双板还是单板滑雪者，在从另一位滑雪者的后面超越或从前侧面横越滑行时，都有责任保证前面滑行者的正常滑行，留给被超越或被横越者足够的滑行空间。

5. 进入雪道、启动滑行和登坡

为了不给自己或他人造成危险，无论双板还是单板滑雪者，在进入雪道、启动滑行或是在雪道上登坡时，都必须注意观察雪道的上方和下方，务必保证不危及自己和其他人的安全。

6. 在雪道上停止、逗留

无论双板还是单板滑雪者，除非有绝对的必要，否则不得在雪道中央区域停留或停止，特别是严禁在狭窄处或视线受阻处停留或停止。若不慎在上述地方摔倒，应尽快站起离开。

7. 徒步上下坡

无论双板还是单板滑雪者，当在滑雪道徒步上下坡时，应到雪道边上行进。

8. 注重警示和提醒标志

无论双板还是单板滑雪者，请务必对信号牌、指示牌和指示物保持足够的重视。

9. 救援

无论双板还是单板滑雪者，在意外伤害事故发生时，均有责任全力为其提供援助。

10. 提供身份信息

无论双板还是单板滑雪者，每位滑雪者和目击者，不管是否有相关责任，都应当提供本人的身份信息和联系方式。

第四章
陆地训练

○ 一、拉伸训练
○ 二、跳跃训练

腹部肌群和腿部肌群是高山滑雪运动的关键,所以若想提高滑行技术,就需要加强身体锻炼,特别是加强那些直接参与运动的肌群锻炼,才能使滑行更稳定流畅,更好地提高技术性动作的完成水准。

一、拉伸训练

腰腹肌群拉伸1:双手撑地坐于地面,双腿屈膝;腹部顶起的同时身体伸展成"一"字;拉伸完成后腹部继续顶起成弓形;完成后复原,反复练习(图4-1)。

图4-1 腰腹肌群拉伸1

腰腹肌群拉伸2：单臂肘部支撑身体侧卧于地面；手臂伸直同时腹部收紧向上顶起；保持平稳后抬起外侧腿；拉伸完成后复原，交替方向练习（图4-2）。

图4-2　腰腹肌群拉伸2

小腿肌群练习：竖直站立双臂向前方平举；沿身体重心线向下蹲；注意背挺直控制身体不要晃动；下蹲完成后直立；沿身体重心线向下第二次下蹲的同时保持脚跟离地，反复交替进行（图4-3）。

图4-3　小腿肌群练习

大腿肌群拉伸：竖直站立，双脚分开略宽于肩，双臂向两侧打开。任意脚掌外展 90° 与身体垂直；身体沿脚掌外展方向下蹲，保持两臂平伸；拉伸结束后恢复直立，将与外展脚掌相反另一侧手臂高举贴近面部，向外展方向再次下蹲拉伸；拉伸完成后恢复直立，交替练习（图 4-4）。

图4-4 大腿肌群拉伸

二、跳跃训练

六边形跳跃：将障碍物摆成六边形（图4-5），依次向斜前方跳跃，每次跳出六边形时身体应与相应边紧邻，每次跳回六边形中时应跳到六边形中心点。跳跃过程中保持身体的平衡和节奏，双脚并拢保持同步（图4-6）。

二、跳跃训练　027

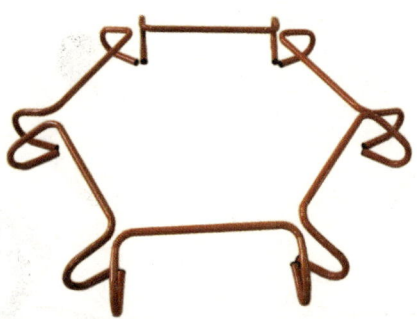

图 4-5　障碍物如图摆放

⑤　　　　　　　　　⑥

图 4-6　六边形跳跃

动协跳跃：将障碍物左右交替摆放，横向距离 1~1.5 米，纵向距离 0.5 米，双腿并拢向障碍物跳跃。跳跃过程中注意保持基本滑行姿势，双腿与肩同宽同步跳跃（图 4-7）。

①　　　　　　　　　②

二、跳跃训练　029

③　　　　　　　　　　　　　　　④

图 4-7　动协跳跃

第五章

雪上训练

- 一、初级技术
- 二、中级技术
- 三、高级技术

一、初级技术

(一) 雪具的正确拿放方式

单手握滑雪杖,滑雪板合拢立于体侧,手臂从外侧环绕滑雪板抬起固定器移动滑雪板(图5-1)。

单手握滑雪杖,滑雪板合拢,单手提起固定器,移动滑雪板时注意前后行人及障碍物(图5-2)。

单手握滑雪杖,滑雪板交叉扛于肩部,注意板头向下,板尾向上,避让前后行人及障碍物(图5-3)。

图5-1

图5-2

图5-3

(二) 正确穿脱滑雪鞋和滑雪板

1. 原地穿脱滑雪鞋

穿滑雪鞋:在穿之前首先要检查滑雪鞋的绑带和卡扣是否为开启状态,然后将滑雪裤裤腿上提,使滑雪袜部分露出。打开鞋舌,从脚尖逐渐送入滑雪鞋,确认滑雪鞋大小合适后,固定卡扣和绑带,注意卡扣不宜过松和过紧。滑雪鞋穿好后将滑雪裤放在滑雪鞋外面,能有效防止滑雪鞋进雪。

脱滑雪鞋:脱滑雪鞋前首先要松开卡扣和绑带,打开鞋舌,将脚移出(图5-4)。

图5-4 穿脱滑雪鞋

2. 原地穿脱滑雪板

穿滑雪板：在穿之前先确定固定器的大小及是否为"开启"状态，检查固定器后将两支滑雪板平行放置在雪面上（初学者不要在斜坡上穿板）。双手持滑雪杖于身体两侧，保持身体平稳，先将一只脚前脚掌置入滑雪板固定器，将滑雪鞋的前端插入前固定器的凹槽内，再将滑雪鞋的后部凸起对准滑雪板后固定器卡槽，用力向下压滑雪靴的后跟，听见"咔"的一声，固定器已将滑雪鞋的前后端紧紧地卡在滑雪板上了，此时固定器处于"闭合"状态，然后再穿另一只滑雪板。

脱滑雪鞋时，首先保证身体垂直站立于雪面，将滑雪杖的杖尖放入雪板后固定器上的小型凹槽内，使雪杖与雪板后固定器垂直，向下压动雪杖的同时抬起同侧滑雪鞋后跟，滑雪鞋就与雪板脱离了（图5-5）。

①

②

一、初级技术 035

③　　　　　　　　　④

⑤　　　　　　　　　⑥

⑦　　　　　　　　　⑧

图 5-5 穿脱滑雪板

（三）体验滑行

1. 着单只板的滑行技术

这种技术适合初学者练习，可先采用单只滑雪板滑行，双手持滑雪杖辅助身体平衡。能促进初学者对雪具的适应和掌握，练习时应在平缓的雪面进行。

动作要领：穿任意一只雪板，身体直立微前倾，目视前方，身体重心位于着雪板的腿上。着滑雪鞋的腿前后发力蹬踏雪面使身体向前滑行，依次交替滑雪板练习。注意着滑雪鞋腿的发力方向影响滑行方向（图 5-6）。

2. 原地前后移动技术

技术原理是利用弓箭步的动作带动两滑雪板交替前行或后退。首先目视前方，两滑雪杖自然垂于身体的两侧，两滑雪板与肩同宽，两滑雪板始终保持平行位置。向前滑进时要配合滑雪板的蹬动进

一、初级技术

图 5-6　单只板滑行技术

行摆臂。后退时要注意后方是否有行人或障碍物。此技术适用于平缓雪面，能有效促进初学者尽快适应雪具（图 5-7）。

3. 原地变向技术

原地变向技术是指滑雪者在平地或坡面上处于静止状态下改变方向。初学者只有掌握了原地改变方向之后，才能比较自如地进行后续的各种练习。原地变向的方法有很多，既有板尾、板头依次移动展开逐步改变方向的方法，也有一次能完成较大角度的变向，还有原地跳起变向。

图 5-7 原地前后移动技术

以板头为轴变向：首先双板平行站立，与肩同宽。然后以板头为轴，向同一方向，依次做板尾展开及并拢动作，以达到转向的目的。转向时要注意滑雪杖的位置，板尾展开变向时滑雪杖支撑位置应在体侧靠前位置。初练时滑雪板一次展开距离不宜过大，随着对滑雪板的适应再逐渐加大展开的角度与距离。在展开滑雪板时，身体重心要明显地放在支撑腿上（图 5-8）。

一、初级技术　039

图 5-8　以板头为轴变向

以板尾为轴变向：首先双板平行站立，与肩同宽。然后以板尾为轴，向同一方向，依次做板尾展开及并拢动作，以达到变向的目的。变向时要注意滑雪杖的位置，板头展开变向时滑雪杖支撑位置应在体侧靠后位置。初练时滑雪板一次展开距离不宜过大，随着对滑雪板的适应再逐渐加大展开的角度与距离。在展开滑雪板时，身体重心要明显地放在支撑腿上（图 5-9）。

图 5-9

剪刀式变向：这种变向除用于平地外，还多用于中、陡坡，其特点是变向速度快。首先双板平行站立，与肩同宽，雪板与滚落线[1]垂直。基本滑行姿势站立；山上板承重，提起山下板；山下板以板尾为轴转动180°，随着重心转移到山下板；提起山上板，旋转180°，两板回收平行，回到基本姿势（图5-10）。

---

[1] 指1个假想的雪球由山顶滚落至山下所留下的轨迹。

一、初级技术 041

图 5-10

> **知识窗**
>
> 滑雪者的重心,指的是身体重量的几何中心。对双板滑雪而言,它是身体质量集中于此的一个假想点。重心点的位置决定了滑雪者在滑雪板上的平衡点。我们谈到滑雪者的重心时,通常是为了描述它与支撑面的关系。支撑面是指脚部与滑雪板的接触面。当滑雪者在水平地面上静立,只有在身体重心处于支撑面正上方时,滑雪者才能处于身体平衡状态。

(四) 安全摔倒与站起

1. 安全摔倒

为了有效地防止因摔倒而引起的滚动,对初学者来说,重要的是掌握安全摔倒的方法。在失去重心时,不要挣扎,迅速屈膝降低重心,两臂自然伸展,臀部向山上方向侧坐。两滑雪板稍举起,防止滚动状态发生。在完全停止前勿伸腿使滑雪板某一部分着雪,保持稍团身姿势(图 5-11)。

需要注意的是高山滑雪中动作失误摔倒是被动的,而安全摔倒是有意的主动摔倒。当滑雪中失去重心时,首先是不必挣扎,而应做好准备,降低重心,主动安全倒下,确保自身的安全。

2. 站起

团身,保持雪板在山下侧,双板垂直于滚落线;双雪杖合拢,杖尖撑雪面;雪板用板刃蹬住雪面,顺势站起(图 5-11)。

一、初级技术　043

① ②
③ ④
⑤ ⑥

⑦　　　　　　　　　　　　　　　⑧

图 5-11　安全摔倒与站起

(五) 蹬坡技术

1. 横蹬坡

要想在斜坡上保持平衡，必须使滑雪板与滚落线保持垂直，还要通过双脚关节微向山上倾斜，使山下板的内刃和山上板的外刃嵌入雪中，形成夹角，身体的重心要放在山下板，以抗拒身体重量的自然下滑。

可以在斜坡上保持平衡后尝试横蹬坡，即由山下板的内刃和山上板的外刃做支撑，轮流交换重心横着向山上蹬行，双手执滑雪杖自然地在身体两侧支撑，帮助保持平衡。记住要领：上身要直立，膝盖微弯顶住雪鞋的前沿以支持身体的重量，在蹬坡行进中要始终注意双板是否平行并保持与滚落线垂直（图 5-12）。

图 5-12 横蹬坡

2. 八字蹬坡

技术要领：身体前倾正对滚落线，双板的板头间距离宽，板尾间距离窄，呈八字形状。双膝内扣以使双板的内刃立起与雪面形成夹角，双手持雪杖点地辅助保持身体平衡。双板轮流交替向上蹬行，雪杖随身体行进有节奏地自然地轮流支撑（图 5-13）。

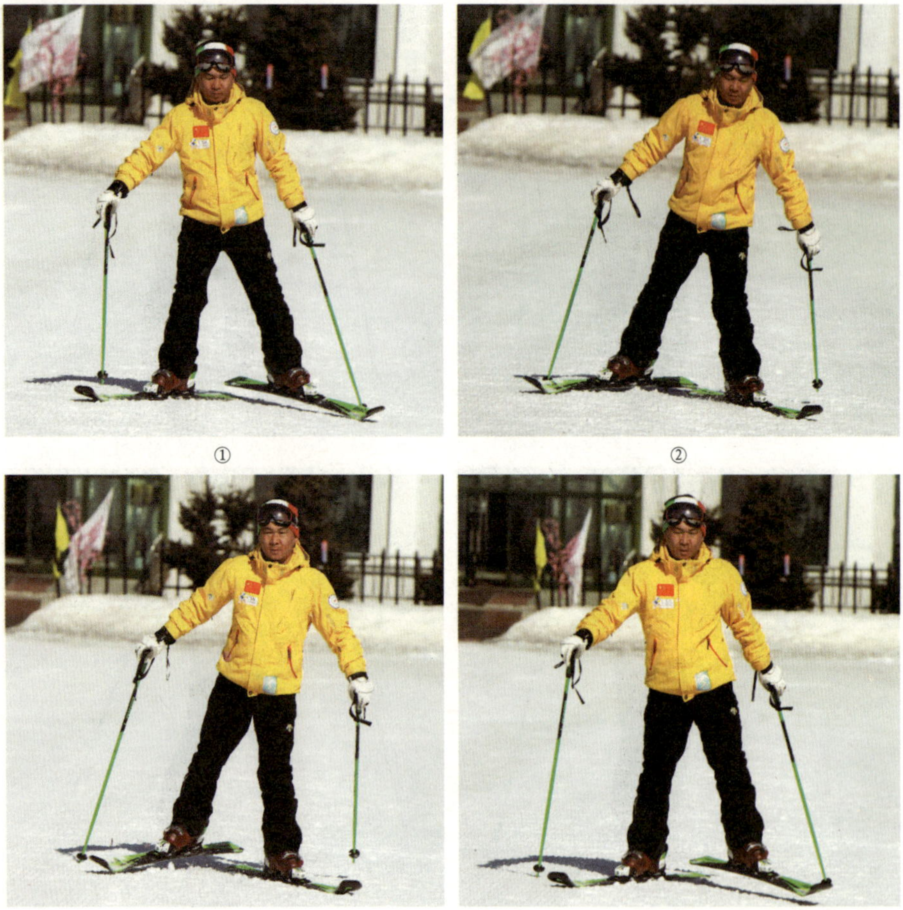

图 5-13

（六）直滑降

直滑降是高山滑雪的主要技术之一。它是以基本滑行姿势保持雪板直线下滑的技术。通过直滑降练习，主要掌握基本滑行姿势，体会速度、滑行感觉和重心位置，提高对不同坡度的适应能力和对雪板的控制能力。

选择适合自己的缓坡，用雪杖支撑使自己顺利地调整板形，双

视频：
直滑降

板平行与肩同宽,正对雪道下方(正对滚落线),慢慢收起雪杖,身体的重力会使你自然下滑,直到坡面平缓时自然减速停止。

动作要领:上身直立,头部抬起,目视前方。滑行时不要紧盯自己的滑雪板,而是应目视滑行方向。肩部放松,胳膊前伸,双手握滑雪杖。手的高度在髋部左右,滑雪杖尖垂在身后。膝盖微屈,感觉胫骨微微压迫滑雪鞋的鞋舌。雪板保持平行,身体随着雪板滑行(图5-14、图5-15)。

图5-14 高山滑雪基本滑行姿势

①

②

图 5-15 直滑降

直滑降中常见的错误多是因为恐慌引起的,恐惧下滑的高度及自己越来越快的速度。如果是这样,做出犁式制动减速,如果失去平衡,则安全摔倒。紧张的根源是害怕失去平衡,所以要记住,放松、放松、再放松,靠胳膊微调平衡,调整身体于正中位置,而不要滞后,这样就容易控制自己的雪板了(图 5-16 和图 5-17)。

图 5-16 直滑降正确动作

图 5-17 直滑降错误动作

二、中级技术

（一）犁式滑降与停止

1. 犁式直滑降及辅助练习

犁式滑降是滑雪板呈八字形从山上直线滑下的技术动作。直滑降减速或停止除依靠地形的变化外只能依靠停止法。而犁式滑降与直滑降最大的区别除了板形之外，就是犁式滑降在滑降的过程之中，可以通过调节八字的大小和改变立刃的强弱来控制速度。

技术要领：首先选择一个适合学习的缓坡，先保持基本滑行姿势，在下滑过程中躯体和手臂保持不变。以双板板头为假想圆心，双雪板为半径，双足踇趾尖的球状处为着力点，双脚跟同时向外转，将双雪板后部同时边推开边立内刃，使板形呈犁状，板头相距仍约为10厘米，双膝稍屈并略内扣，双腿与雪面几乎成等腰三角形。双雪板呈犁式后，双脚内侧均等用力滑行，大、中、小犁式变化时靠双足踇趾跟部为着力点外展转向（图5-18）。

视频：
犁式直滑降

知识窗

滑行的动能由重力势能转化而来。直滑降时，滑行者面向山下，将高效的势能，借用坡度转化为动能。所以初学者要明白，有高度就有能量，就有动力，你所要做的就是不要过于紧张，不要全身用力紧绷，身体的过于僵硬，会影响对雪板的控制。

图 5-18　犁式直滑降

辅助练习：在犁式直滑降的过程中双板板尾回收成直滑降板形，滑行速度加快后再打开板尾成犁式滑行减速，通过反复回收和打开板尾的方式巩固对雪板的控制能力，提高犁式直滑降的熟练度（图5-19）。

2. 犁式停止

初学者在坡上滑行往往越滑越快，若坡下是平地或是上坡，对初学者是最理想的。即使是理想场地也难免出现意外，此时则要求滑雪者必须立即停止滑行。可见掌握停止法，对保证自己或是他人

视频：
犁式停止

图 5-19 犁式直滑降与直滑降变换

的安全多么重要。

　　从山上向下滑的关键是保持平衡,停止的方法实际是通过增大雪板与雪面的摩擦力来减速,直至停止。若想减速直到停止首先要使滑雪板与前进方向成一定的角度或完全横转,垂直前进方向,再通过尽量立刃来加大摩擦力。停止的方法有很多,犁式停止法更适合初学者学习和掌握。

　　技术要领:在滑降中将板尾蹬出,使雪板成犁式状态。注意同时将两板尾蹬开,双腿用力要均匀,加大立刃角度,使雪板内刃逐渐加大与雪面的摩擦力。逐渐加大板尾向外侧的立刃和蹬出力量,直至停止(图5-20)。

图 5-20　犁式停止

知识窗

如果在同一滑雪道，不同体重的两名滑雪者同时进行滑降并都想减速停止。因为质量（体重）大者动量大，要想减速或停止，就要比体轻者多费更多的体力。物理规律告诉我们，动量是物体"运动的量"，与物体质量与速度相关。因此在滑雪运动中，人体的动量越大，其运动状态就越不容易改变。

（二）横滑降

横滑降技术也是高山滑雪的主要基础技术之一。它是指上体朝向山下，下肢旋转使双雪板横在山坡上，沿着滚落线的方向，自上而下、顺畅地横向滑降。山下板比山上板用刃的强度要弱一些，如果山下板用刃强，容易导致滑行不畅而摔倒。横滑降根据坡度的大小和速度的快慢，通过板刃的转换和用刃的强弱变化来控制滑雪板角度。

技术要领：基本滑行姿势站立，雪板垂直于滚落线，上体旋转面朝山下。提重心，双膝微向山下侧倾斜，减小雪板与雪面的立刃角度，使雪板横板侧向沿滚落线方向滑降。双膝关节微向山上侧倾斜，同时身体下压，增大雪板与雪面的立刃角度，停止横滑降。（图5-21）。

视频：横滑降

（三）斜滑降

斜滑降也是高山滑雪的滑降重要技术之一。它是指与滚落线形成一定角度的滑降。它是利用直滑降或向斜下方的滑行技术。

视频：斜滑降

①

②

③ ④

图 5-21 横滑降

斜滑降广泛应用于各种转弯中,大部分转弯都是从斜滑降进入,以斜滑降结束的。

斜滑降的速度既决定于滑雪板与滚落线之间形成的角度大小有关,也与坡度有关。坡度变陡,前进方向与滚落线之间的角度变小,滑行速度就增加;坡度变缓,该角度变大,则滑行速度就会降低。

技术要领:以与滚落线呈 45°角的方向站立,保持基本滑行姿势。以膝关节压向山上侧,上体向山下侧倾斜,山上板外刃和山下板内刃卡住雪面,以山下板承重。

在斜滑降过程中,双腿膝关节向山上方向倾斜,以便立刃。立刃角度根据滑行速度调整,速度慢立刃角度减小,速度快立刃角度增大,以便达到在不同坡度的顺畅滑行和减速效果(图 5-22)。

(四)落叶滑降

落叶滑降是熟练掌握斜滑降技术后的进阶技术,通过在斜滑降过程中不断改变身体的重心投影点位置来达到"落叶"的滑行

视频:
落叶滑降

二、中级技术　055

图 5-22　斜滑降

轨迹。

　　斜滑降时身体的重心投影点位置不同,滑行的方向也不一样。斜滑降中重心投影点移到后脚跟,增加雪板后端的压力,减少前端的阻力,使斜滑降向阻力少的雪板前下侧方变向;重心投影点移到前脚掌的斜滑降,滑行方向为雪板的后下侧方。当两种重心投影点位置交替施加在雪板上时就形成了落叶滑降(图 5-23)。

第五章 雪上训练

二、中级技术　057

⑦

⑧

图5-23　落叶滑降

📖 知识窗

转弯的三个阶段：在滑雪转弯的过程中，双滑雪板在雪面上所滑行的轨迹是一系列左右方向、上下相连的弧线。为了更好地理解转弯滑行中的不同阶段，通常将单个转弯弧分为入弯、控制、出弯三个阶段（图5-24）。但这是为了描述转弯的方便而人为设定的。实际的转弯是一个有机的整体。

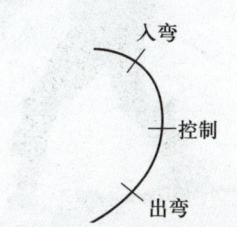

图5-24　平行转弯的三个阶段

（五）犁式转弯及辅助练习

犁式转弯是高山滑雪转弯的重要基础技术之一。它是在犁式直滑降的基础上，通过向一侧雪板移动重力来实现转弯的。当然还可以通过增大一侧雪板的立刃或加强一侧腿部蹬转力来辅助转弯。

视频：
犁式转弯

左右轮换地重复上述动作,可以实现左右转弯。犁式转弯是滑雪转弯的"源头",对进一步学习、掌握其他转弯技术有非常重要的意义。犁式转弯给人一种相对"静态"的感觉,身体各部位动作幅度很小。

技术要领:犁式转弯是犁式直滑降状态中向一侧雪板力量转移,促使该雪板成为主动板而形成的自然转弯。以犁式直滑降的姿势为前提,左右腿与雪面仍然保持三角形。逐渐向一侧雪板移动重心(该雪板成为主动板),此时另一侧雪板减轻负重或不负重(该雪板成为从动板)。主动板开始产生自然转弯,同时从动板被动地跟随主动板同向转动,上体尽量保持面向山下一侧。转弯结束后,提起重心,力量转移到另一侧,完成另一侧转弯(图5-25)。

① ② ③ ④

二、中级技术 059

⑤　　　　　　　　　⑥

⑦　　　　　　　　　⑧

图 5-25　犁式转弯

知识窗

在转弯过程中，人体感觉自己被拉向转弯弧的外侧，这是由于在转弯过程中人体所受力的合力形成所谓离心力的结果。与此同时，脚上穿着的滑雪板感觉受到指向转弯弧内侧的力量，这是由于雪板所受到的合力形成向心力的结果。

辅助练习1：初学者在学习犁式转弯时很难保持雪板的犁式状态，通过雪杖与板型的一致训练能有效掌握犁式板形的控制方法。双手握住雪杖中间部位，杖尖向后，摆成犁式形态，雪杖与雪板同为犁式。注意做辅助练习时要保持基本滑行姿势（图5-26）。

二、中级技术 061

图 5-26 犁式转弯辅助练习 1

辅助练习2：犁式转弯的技术重点和难点是主动腿的大腿旋转加重心移动产生的转弯效果。初学者很难做到自如地将重心移动到主动腿上。通过转弯时抬起从动腿的辅助练习能更好地帮助初学者体会主动腿承重的感觉，加快对犁式转弯技术的掌握。当犁式转弯开始时缓缓抬起从动板，使主动板单独完成转弯，转弯完成时辅助板落回雪面，为下一个弯做准备。注意做辅助练习时要保持基本滑行姿势（图5-27）。

图 5-27　犁式转弯辅助练习 2

（六）半犁式转弯

半犁式转弯是我们在滑雪中常用的转弯方式之一。它与犁式转弯不同的是，犁式转弯在转弯后不用回收板尾，而半犁式转弯在转弯后要回收板尾，使两块雪板平行。需要注意的是，收板尾的动作并非滑雪者主动而为的，而是转弯后通过对身体重心的控制而使从动板自然跟随产生的。

技术要领：在半犁式转弯结束后身体保持基本滑行姿势，主动

视频：
半犁式转弯

板成为斜滑降山下板并承担主要身体重量,从动板在成为斜滑降山上板的过程中会自然跟随主动板完成回收板尾动作(图5-28)。

⑦　　　　　　　　　　⑧

图 5-28　半犁式转弯

三、高级技术

（一）双板平行转弯

双板平行转弯是指两滑雪板保持平行状态进行的转弯。

它具有较大实用价值，其优点是能够最大限度地保持速度，通过腿的强有力旋转动作和身体力量转移动作来完成高质量的转弯。通过这项技术的学习，有利于挑战更高难度的雪道，有利于在一定范围内提高滑行速度，有利于掌握更高效的连续快速转弯的技术（图 5-29）。

视频：
平行式转弯

①　　　　　　　　　　②

图 5-29 双板平行转弯

技术要领：保持一定的速度进入转弯的准备阶段，提起重心。身体力量向转弯内侧移，一板内刃、一板外刃地蹬雪，斜向滑入滚落线。继续向前屈膝、屈踝，外侧板承重逐渐加大，直至其外侧板与内侧板承重比大约为 7∶3。踝关节应有蹬实、踏实的感觉，身体处于直立状态。利用蹬踏的反作用力与向内倾斜，向斜上方提起重心。然后转向再次滑入滚落体另一方向的斜下方，此时应有骑自行车在转弯的轮胎内侧牢牢抓住的感觉（图 5-30）。

三、高级技术　067

图 5-30　双板平行转弯辅助练习

视频:
平行停止

辅助练习:进行平行式转弯时通过抬起内侧板来加强体会外侧板的承重。保持一定的速度进入转弯的准备阶段,提起重心。身体力量向转弯内侧移,一板内刃、一板外刃地蹬雪,斜向滑入滚落线。继续向前屈膝、屈踝,身体力量移动结束后,外侧板完全提重心,内侧板抬起,以强化外侧板的承重。

(二) 平行停止法

平行停止法是一种更为有效的制动方式,适用于各种雪面及坡面。熟练掌握平行停止法将大幅提高滑雪者的安全系数,同时平行停止法是进阶平行短弯技术的基础技术之一。

要完成平行停止法首先要在滑行中保持基本滑行姿势,双腿同时发力旋转带动雪板转动,保持上体朝向山下,当两滑雪板平行且与滚落线垂直时身体下压并增加雪板利刃角度,使板刃与雪面的摩擦增大以达到减速和停止的目的。停止过程中要保持双板的同步,否则容易导致双板互相碰撞而受伤(图5-31)。

①

②

三、高级技术　069

图 5-31　平行停止法

视频：
点杖平行转弯

（三）平行转弯点杖技术

在滑行中加入点杖能够使滑行更美观，更有利于控制身体的平衡，转弯结束时使重心不会落后，在转弯时通过点杖能够帮助引导转弯以及控制节奏。平行转弯点杖技术的运用可以调整转弯的节奏，在高速滑行中起到一定的平衡作用。同时，准确的点杖技术的运用，可以更好地调整转弯的时机。

技术要领：在上一个转弯的结束阶段，外侧小臂带动手腕做挥杖动作，进入转换阶段后，身体带动雪板回到基本滑行姿势，此时开始下一个转弯，同时外侧小臂带动腕关节下压、轻点雪面，完成点杖（图5-32）。

时机：在入弯开始阶段，点杖与转弯同时开始。

位置：由于点杖与转弯同时发生，其点杖位置在转弯的入弯阶段，落点位于弯的内侧（图5-33）。

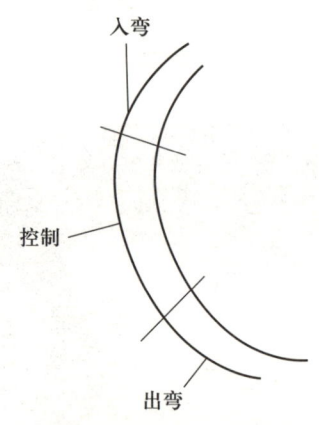

图5-32 平行转弯的过程

①

②

三、高级技术　071

③

④

⑤

⑥

⑦

⑧

图 5-33　点杖平行转弯

视频：
短弯

视频：
中弯

视频：
大弯

第六章
竞赛规则

- 一、滑降
- 二、回转
- 三、大回转
- 四、超级大回转
- 五、高山全能
- 六、高山滑雪混合团体赛

一、滑降

滑降场地起点与终点的高度差男子为 800~1 100 米,女子为 500~800 米,线路长度最少 2 000 米,因此它是所有高山滑雪项目中线路最长、滑行速度最快的。

线路长度的设计在冬奥会和世界锦标赛中应保证男子的最好成绩不少于 2 分钟,女子不少于 1 分 40 秒。为确保比赛安全,除了在线路两侧插足够的红色和绿色指示旗外,还必须在重要地段(如危险地段、坡度转换、颠簸地带、地形转变处以及运动员容易滑错方向的地段等)设置旗门。旗门的宽度不得少于 8 米。运动员必须用至少一只滑雪板的前端和双脚都通过旗门线,否则按犯规判其成绩无效。在场地达到标准情况下,滑降比赛只比一轮,而假如场地起点与终点的高度差达不到规则要求,可以组织两轮滑降比赛(但高度差最小不得小于 450 米)。两轮比赛成绩相加,时间少者名次列前。

二、回转

回转比赛的场地应建在坡度 20°~27° 的山坡上。场地宽不得小于 40 米。起点与终点的高度差,男子为 140~220 米,女子为 120~180 米。旗门,男子 55~75 个,女子 45~60 个。每个旗门由两面旗和两根旗杆组成。红、蓝旗门要交替插设。旗帜的规格为 24 厘米 ×22 厘米。两个旗门的最小距离不得少于 0.75 米。旗门宽度为 4~6 米。旗门设置应包括有开口旗门(两个旗门杆连线与线路方向垂直)、闭口旗门(两个旗门杆连线与线路方向平行)以及 1~4

个由 3~4 个旗门组成的旗门组,如蛇形门、螺旋门、三角门以及菱形门等。回转比赛的成绩以在两条不同线路各滑行一次的成绩相加,时间少者名次列前。

与速度系列(滑降、超级大回转)不同,回转比赛需要进行 2 轮,第 1 轮比赛的前 30 名选手,以倒序参加第 2 轮比赛(即第 1 轮比赛排在第 30 名的选手在第 2 轮比赛中最先出战),从第 31 名起,则以第 1 轮比赛的排名顺序依次参加比赛。

三、大回转

大回转比赛场地通常是多坡并呈波浪形的,其宽度至少 30 米。起点与终点的高度差,男子为 350~400 米,女子为 260~350 米。旗门数应是高度差的 12%~15%。旗门宽 4~8 米。最近两个上下连续门的旗门杆最小距离不得少于 10 米。大回转比赛一般须进行两轮比赛。第二轮可在同一场地进行,但旗门必须重新设置。两轮滑行成绩相加,时间少者名次列前。

四、超级大回转

超级大回转比赛的场地要求是呈波浪起伏状的地形。宽度不得少于 30 米。起点与终点高度差男子为 500~650 米,女子为 350~500 米。旗门宽度,开口旗门最少为 6 米,闭口旗门为 8~12 米。旗门数不得超过高度差的 10%,但男子最少不得于少于 35 个,女子不得少于 30 个。

五、高山全能

高山全能包括滑降和回转，两项比赛相加，时间少者名次前列。

六、高山滑雪混合团体赛

在 250~300 米的赛道上，使用大回转旗门进行的平行比赛。旗门间距比回转项目长，比大回转项目短。

1 个团队（国家）由 2 名男子、2 名女子组成。

16 个团队（国家）以淘汰赛的方式得出排名。

郑重声明

高等教育出版社依法对本书享有专有出版权。任何未经许可的复制、销售行为均违反《中华人民共和国著作权法》，其行为人将承担相应的民事责任和行政责任；构成犯罪的，将被依法追究刑事责任。为了维护市场秩序，保护读者的合法权益，避免读者误用盗版书造成不良后果，我社将配合行政执法部门和司法机关对违法犯罪的单位和个人进行严厉打击。社会各界人士如发现上述侵权行为，希望及时举报，本社将奖励举报有功人员。

反盗版举报电话　　（010）58581999　58582371　58582488
反盗版举报传真　　（010）82086060
反盗版举报邮箱　　dd@hep.com.cn
通信地址　　北京市西城区德外大街4号
　　　　　　高等教育出版社法律事务与版权管理部
邮政编码　　100120

内容提要

本书是全国亿万学生阳光体育运动课外活动指导书，也是"青少年冰雪运动推广丛书"之一。全书以冬季奥林匹克运动会15个大项中的高山滑雪运动项目为主要内容，通过文字、插图和视频，向零基础的青少年普及高山滑雪运动知识，满足青少年了解、欣赏和学习冬奥会项目的需求。全书深入浅出地介绍了高山滑雪运动项目，包括认识高山滑雪，场地、装备与器材，器材选择及安全教育，陆地训练，雪上训练，竞赛规则等内容。

本书适合青少年高山滑雪运动初学者学习，也适合高山滑雪爱好者阅读欣赏。

图书在版编目（CIP）数据

高山滑雪 / 哈尔滨体育学院组编；朱志强，马喜强本册主编 . -- 北京：高等教育出版社，2020.10
（青少年冰雪运动推广丛书 / 朱志强主编）
ISBN 978-7-04-054035-2

Ⅰ. ①高… Ⅱ. ①哈… ②朱… ③马… Ⅲ. ①高山滑雪-青少年读物 Ⅳ. ①G863.11-49

中国版本图书馆CIP数据核字（2020）第068953号

| 策划编辑 陈海 | 责任编辑 靳剑辉 | 封面设计 王洋 | 版式设计 于婕 |
| 插图绘制 黄云燕 | 责任校对 张薇 | 责任印制 朱琦 | |

出版发行	高等教育出版社	网 址	http://www.hep.edu.cn
社 址	北京市西城区德外大街4号		http://www.hep.com.cn
邮政编码	100120	网上订购	http://www.hepmall.com.cn
印 刷	三河市骏杰印刷有限公司		http://www.hepmall.com
开 本	787 mm×960 mm 1/16		http://www.hepmall.cn
印 张	5.25		
字 数	97 千字	版 次	2020年10月第1版
购书热线	010-58581118	印 次	2020年10月第1次印刷
咨询电话	400-810-0598	定 价	22.40元

本书如有缺页、倒页、脱页等质量问题，请到所购图书销售部门联系调换
版权所有　侵权必究
物　料　号　54035-00